This is your year.

GET IT DONE
WEEK 1

DATE _____

This week's goal is:

....

....

I want to achieve it because:

....

....

I'll know I've succeeded when:

....

....

Small steps get you to the mailbox
and to the top of Everest

List your steps here and check them off as you complete them:

- [ ] _____
- [ ] _____
- [ ] _____
- [ ] _____
- [ ] _____
- [ ] _____
- [ ] _____
- [ ] _____
- [ ] _____
- [ ] _____
- [ ] _____
- [ ] _____
- [ ] _____
- [ ] _____
- [ ] _____

GET IT DONE

WEEK 2

DATE _____

This week's goal is:

I want to achieve it because:

I'll know I've succeeded when:

Keep flapping those wings.

List your steps here and check them off as you complete them:

- [ ] _____
- [ ] _____
- [ ] _____
- [ ] _____
- [ ] _____
- [ ] _____
- [ ] _____
- [ ] _____
- [ ] _____
- [ ] _____
- [ ] _____
- [ ] _____
- [ ] _____
- [ ] _____
- [ ] _____

GET IT DONE
WEEK 3

DATE _____

This week's goal is:

....

....

I want to achieve it because:

....

....

I'll know I've succeeded when:

....

....

This week is a blank canvas...
Imagine all the things you can create.

List your steps here and check them off as you complete them:

- [ ] _____
- [ ] _____
- [ ] _____
- [ ] _____
- [ ] _____
- [ ] _____
- [ ] _____
- [ ] _____
- [ ] _____
- [ ] _____
- [ ] _____
- [ ] _____
- [ ] _____
- [ ] _____
- [ ] _____
- [ ] _____

GET IT DONE
WEEK 4

DATE _____

This week's goal is:

....

....

I want to achieve it because:

....

....

I'll know I've succeeded when:

....

....

The worst part of change, the decision to, is complete. This is where it gets fun.

List your steps here and check them off as you complete them:

- [ ] _____
- [ ] _____
- [ ] _____
- [ ] _____
- [ ] _____
- [ ] _____
- [ ] _____
- [ ] _____
- [ ] _____
- [ ] _____
- [ ] _____
- [ ] _____
- [ ] _____
- [ ] _____
- [ ] _____

GET IT DONE
WEEK 5

DATE _____

This week's goal is:

....

....

I want to achieve it because:

....

....

I'll know I've succeeded when:

....

....

Go you, already working on week 6! You're making people proud.

List your steps here and check them off as you complete them:

- [ ] _____
- [ ] _____
- [ ] _____
- [ ] _____
- [ ] _____
- [ ] _____
- [ ] _____
- [ ] _____
- [ ] _____
- [ ] _____
- [ ] _____
- [ ] _____
- [ ] _____
- [ ] _____
- [ ] _____

GET IT DONE

WEEK 6

DATE _____

This week's goal is:

....

....

I want to achieve it because:

....

....

I'll know I've succeeded when:

....

....

Take 5 minutes a day to plant the seed and enjoy a lifetime of harvests.

List your steps here and check them off as you complete them:

- [ ] _____
- [ ] _____
- [ ] _____
- [ ] _____
- [ ] _____
- [ ] _____
- [ ] _____
- [ ] _____
- [ ] _____
- [ ] _____
- [ ] _____
- [ ] _____
- [ ] _____
- [ ] _____
- [ ] _____

GET IT DONE
WEEK 7

DATE _____

This week's goal is:

I want to achieve it because:

I'll know I've succeeded when:

Think of them as New Week's Resolutions for 52 chances of success.

List your steps here and check them off as you complete them:

- [ ] _____
- [ ] _____
- [ ] _____
- [ ] _____
- [ ] _____
- [ ] _____
- [ ] _____
- [ ] _____
- [ ] _____
- [ ] _____
- [ ] _____
- [ ] _____
- [ ] _____
- [ ] _____
- [ ] _____

GET IT DONE
WEEK 8

DATE _____

This week's goal is:

....

....

I want to achieve it because:

....

....

I'll know I've succeeded when:

....

....

What would 90 year old **You** tell you to do right now?

List your steps here and check them off as you complete them:

- [ ] _____
- [ ] _____
- [ ] _____
- [ ] _____
- [ ] _____
- [ ] _____
- [ ] _____
- [ ] _____
- [ ] _____
- [ ] _____
- [ ] _____
- [ ] _____
- [ ] _____
- [ ] _____
- [ ] _____

GET IT DONE
WEEK 9

DATE _____

This week's goal is:

....
....

I want to achieve it because:

....
....

I'll know I've succeeded when:

....
....

Dream, add a deadline, create a goal, achieve milestones.

List your steps here and check them off as you complete them:

- [ ] _____
- [ ] _____
- [ ] _____
- [ ] _____
- [ ] _____
- [ ] _____
- [ ] _____
- [ ] _____
- [ ] _____
- [ ] _____
- [ ] _____
- [ ] _____
- [ ] _____
- [ ] _____
- [ ] _____
- [ ] _____

GET IT DONE
WEEK 10

DATE _____

This week's goal is:

....

....

I want to achieve it because:

....

....

I'll know I've succeeded when:

....

....

5 year old you is impressed with you right now.

List your steps here and check them off as you complete them:

- [ ] _____
- [ ] _____
- [ ] _____
- [ ] _____
- [ ] _____
- [ ] _____
- [ ] _____
- [ ] _____
- [ ] _____
- [ ] _____
- [ ] _____
- [ ] _____
- [ ] _____
- [ ] _____
- [ ] _____
- [ ] _____

GET IT DONE

WEEK 11

DATE _____

This week's goal is:

....

....

I want to achieve it because:

....

....

I'll know I've succeeded when:

....

....

The pen in your hand is powerful.
Use it.

List your steps here and check them off as you complete them:

- [ ] _____
- [ ] _____
- [ ] _____
- [ ] _____
- [ ] _____
- [ ] _____
- [ ] _____
- [ ] _____
- [ ] _____
- [ ] _____
- [ ] _____
- [ ] _____
- [ ] _____
- [ ] _____
- [ ] _____

GET IT DONE
WEEK 12

DATE _____

This week's goal is:

I want to achieve it because:

I'll know I've succeeded when:

Did you doubt your staying power? You've already made it 12 weeks.

List your steps here and check them off as you complete them:

- ☐ _____
- ☐ _____
- ☐ _____
- ☐ _____
- ☐ _____
- ☐ _____
- ☐ _____
- ☐ _____
- ☐ _____
- ☐ _____
- ☐ _____
- ☐ _____
- ☐ _____
- ☐ _____
- ☐ _____

GET IT DONE

WEEK 13

DATE _____

This week's goal is:

....

....

I want to achieve it because:

....

....

I'll know I've succeeded when:

....

....

This is the beginning of anything you want.

List your steps here and check them off as you complete them:

- [ ] _____
- [ ] _____
- [ ] _____
- [ ] _____
- [ ] _____
- [ ] _____
- [ ] _____
- [ ] _____
- [ ] _____
- [ ] _____
- [ ] _____
- [ ] _____
- [ ] _____
- [ ] _____
- [ ] _____
- [ ] _____

GET IT DONE

WEEK 14

DATE _____

This week's goal is:

....

....

I want to achieve it because:

....

....

I'll know I've succeeded when:

....

....

Every single one of your goals and desires is valid. Go chase them.

List your steps here and check them off as you complete them:

☐ _____

☐ _____

☐ _____

☐ _____

☐ _____

☐ _____

☐ _____

☐ _____

☐ _____

☐ _____

☐ _____

☐ _____

☐ _____

☐ _____

☐ _____

GET IT DONE
WEEK 15

DATE _____

This week's goal is:

....

....

I want to achieve it because:

....

....

I'll know I've succeeded when:

....

....

You can,
you will.

List your steps here and check them off as you complete them:

- [ ] _____
- [ ] _____
- [ ] _____
- [ ] _____
- [ ] _____
- [ ] _____
- [ ] _____
- [ ] _____
- [ ] _____
- [ ] _____
- [ ] _____
- [ ] _____
- [ ] _____
- [ ] _____
- [ ] _____
- [ ] _____

GET IT DONE

WEEK 16

DATE _____

This week's goal is:

I want to achieve it because:

I'll know I've succeeded when:

You can,
you will.

List your steps here and check them off as you complete them:

☐ _____

☐ _____

☐ _____

☐ _____

☐ _____

☐ _____

☐ _____

☐ _____

☐ _____

☐ _____

☐ _____

☐ _____

☐ _____

☐ _____

☐ _____

GET IT DONE
WEEK 17

DATE _____

This week's goal is:

I want to achieve it because:

I'll know I've succeeded when:

Your life is a reflection of you.
If it feels tough, it means you are too.

List your steps here and check them off as you complete them:

- [ ] _____
- [ ] _____
- [ ] _____
- [ ] _____
- [ ] _____
- [ ] _____
- [ ] _____
- [ ] _____
- [ ] _____
- [ ] _____
- [ ] _____
- [ ] _____
- [ ] _____
- [ ] _____
- [ ] _____
- [ ] _____

GET IT DONE
WEEK 18

DATE _____

This week's goal is:

I want to achieve it because:

I'll know I've succeeded when:

You've turned the page on last week, lets work on this one now!

List your steps here and check them off as you complete them:

- [ ] _____
- [ ] _____
- [ ] _____
- [ ] _____
- [ ] _____
- [ ] _____
- [ ] _____
- [ ] _____
- [ ] _____
- [ ] _____
- [ ] _____
- [ ] _____
- [ ] _____
- [ ] _____
- [ ] _____
- [ ] _____

GET IT DONE
WEEK 19

DATE _____

This week's goal is:

....

....

I want to achieve it because:

....

....

I'll know I've succeeded when:

....

....

Trust yourself – you're the person who got you this far.

List your steps here and check them off as you complete them:

- ☐ _____
- ☐ _____
- ☐ _____
- ☐ _____
- ☐ _____
- ☐ _____
- ☐ _____
- ☐ _____
- ☐ _____
- ☐ _____
- ☐ _____
- ☐ _____
- ☐ _____
- ☐ _____
- ☐ _____

GET IT DONE

WEEK 20

DATE _____

This week's goal is:

....

....

I want to achieve it because:

....

....

I'll know I've succeeded when:

....

....

You will never have this week again. Go make it count!

List your steps here and check them off as you complete them:

- [ ] _____
- [ ] _____
- [ ] _____
- [ ] _____
- [ ] _____
- [ ] _____
- [ ] _____
- [ ] _____
- [ ] _____
- [ ] _____
- [ ] _____
- [ ] _____
- [ ] _____
- [ ] _____
- [ ] _____

GET IT DONE
WEEK 21

DATE _____

This week's goal is:

_____

_____

I want to achieve it because:

_____

_____

I'll know I've succeeded when:

_____

_____

Try it – you've got 30 more chances this year if it doesn't work out.

List your steps here and check them off as you complete them:

- [ ] _____
- [ ] _____
- [ ] _____
- [ ] _____
- [ ] _____
- [ ] _____
- [ ] _____
- [ ] _____
- [ ] _____
- [ ] _____
- [ ] _____
- [ ] _____
- [ ] _____
- [ ] _____
- [ ] _____

GET IT DONE

WEEK 22

DATE _____

This week's goal is:

I want to achieve it because:

I'll know I've succeeded when:

Treat yourself to the promise of new experiences.

List your steps here and check them off as you complete them:

- [ ] _____
- [ ] _____
- [ ] _____
- [ ] _____
- [ ] _____
- [ ] _____
- [ ] _____
- [ ] _____
- [ ] _____
- [ ] _____
- [ ] _____
- [ ] _____
- [ ] _____
- [ ] _____
- [ ] _____

GET IT DONE

WEEK 23

DATE _____

This week's goal is:

I want to achieve it because:

I'll know I've succeeded when:

Persistence shapes the mountain.

List your steps here and check them off as you complete them:

- [ ] _____
- [ ] _____
- [ ] _____
- [ ] _____
- [ ] _____
- [ ] _____
- [ ] _____
- [ ] _____
- [ ] _____
- [ ] _____
- [ ] _____
- [ ] _____
- [ ] _____
- [ ] _____
- [ ] _____

GET IT DONE
WEEK 24

DATE _____

This week's goal is:

I want to achieve it because:

I'll know I've succeeded when:

This year is turning out to be epic. Keep going!

List your steps here and check them off as you complete them:

- [ ] _____
- [ ] _____
- [ ] _____
- [ ] _____
- [ ] _____
- [ ] _____
- [ ] _____
- [ ] _____
- [ ] _____
- [ ] _____
- [ ] _____
- [ ] _____
- [ ] _____
- [ ] _____
- [ ] _____
- [ ] _____

GET IT DONE
WEEK 25

DATE _____

This week's goal is:

I want to achieve it because:

I'll know I've succeeded when:

You made it to the half way point – this is the power within you.

List your steps here and check them off as you complete them:

- ☐ _____
- ☐ _____
- ☐ _____
- ☐ _____
- ☐ _____
- ☐ _____
- ☐ _____
- ☐ _____
- ☐ _____
- ☐ _____
- ☐ _____
- ☐ _____
- ☐ _____
- ☐ _____
- ☐ _____

GET IT DONE
WEEK 26

DATE _____

This week's goal is:

....

....

I want to achieve it because:

....

....

I'll know I've succeeded when:

....

....

Don't want to do it? Just do it for 10 seconds. Then just repeat that.

List your steps here and check them off as you complete them:

- [ ] _____
- [ ] _____
- [ ] _____
- [ ] _____
- [ ] _____
- [ ] _____
- [ ] _____
- [ ] _____
- [ ] _____
- [ ] _____
- [ ] _____
- [ ] _____
- [ ] _____
- [ ] _____
- [ ] _____

GET IT DONE
WEEK 27

DATE _____

This week's goal is:

....

....

I want to achieve it because:

....

....

I'll know I've succeeded when:

....

....

Motivation is a seed, sharing it only increases its mass.

List your steps here and check them off as you complete them:

- [ ] _____
- [ ] _____
- [ ] _____
- [ ] _____
- [ ] _____
- [ ] _____
- [ ] _____
- [ ] _____
- [ ] _____
- [ ] _____
- [ ] _____
- [ ] _____
- [ ] _____
- [ ] _____
- [ ] _____

GET IT DONE
WEEK 28

DATE _____

This week's goal is:

....
....

I want to achieve it because:

....
....

I'll know I've succeeded when:

....
....

You are no longer a beginner at this. Apply that power to everything!

List your steps here and check them off as you complete them:

- [ ] _____
- [ ] _____
- [ ] _____
- [ ] _____
- [ ] _____
- [ ] _____
- [ ] _____
- [ ] _____
- [ ] _____
- [ ] _____
- [ ] _____
- [ ] _____
- [ ] _____
- [ ] _____
- [ ] _____

GET IT DONE
WEEK 29

DATE _____

This week's goal is:

I want to achieve it because:

I'll know I've succeeded when:

Did you think you would get this far?
What else can you be surprised by?

List your steps here and check them off as you complete them:

- [ ] _____
- [ ] _____
- [ ] _____
- [ ] _____
- [ ] _____
- [ ] _____
- [ ] _____
- [ ] _____
- [ ] _____
- [ ] _____
- [ ] _____
- [ ] _____
- [ ] _____
- [ ] _____
- [ ] _____

GET IT DONE
WEEK 30

DATE _____

This week's goal is:

I want to achieve it because:

I'll know I've succeeded when:

Not all goals have to be tough. Consider the goal of cherishing yourself.

List your steps here and check them off as you complete them:

☐ _____

☐ _____

☐ _____

☐ _____

☐ _____

☐ _____

☐ _____

☐ _____

☐ _____

☐ _____

☐ _____

☐ _____

☐ _____

☐ _____

☐ _____

GET IT DONE
WEEK 31

DATE _____

This week's goal is:

....

....

I want to achieve it because:

....

....

I'll know I've succeeded when:

....

....

Apply immediacy to your life. Get up, get going, get it done.

List your steps here and check them off as you complete them:

☐ _____

☐ _____

☐ _____

☐ _____

☐ _____

☐ _____

☐ _____

☐ _____

☐ _____

☐ _____

☐ _____

☐ _____

☐ _____

☐ _____

☐ _____

GET IT DONE
WEEK 32

DATE _____

This week's goal is:

....

....

I want to achieve it because:

....

....

I'll know I've succeeded when:

....

....

Goals are life's permission to be indulgent and selfish. Treat yourself.

List your steps here and check them off as you complete them:

- [ ] _____
- [ ] _____
- [ ] _____
- [ ] _____
- [ ] _____
- [ ] _____
- [ ] _____
- [ ] _____
- [ ] _____
- [ ] _____
- [ ] _____
- [ ] _____
- [ ] _____
- [ ] _____
- [ ] _____

GET IT DONE
WEEK 33

DATE _____

This week's goal is:

I want to achieve it because:

I'll know I've succeeded when:

Everything around you started as a dream. It's proof of what is possible.

List your steps here and check them off as you complete them:

- [ ] _____
- [ ] _____
- [ ] _____
- [ ] _____
- [ ] _____
- [ ] _____
- [ ] _____
- [ ] _____
- [ ] _____
- [ ] _____
- [ ] _____
- [ ] _____
- [ ] _____
- [ ] _____
- [ ] _____

GET IT DONE
WEEK 34

DATE _____

This week's goal is:

I want to achieve it because:

I'll know I've succeeded when:

You are now qualified to be a mentor to your Week 1 self. Awesome work!

List your steps here and check them off as you complete them:

- ☐ _____
- ☐ _____
- ☐ _____
- ☐ _____
- ☐ _____
- ☐ _____
- ☐ _____
- ☐ _____
- ☐ _____
- ☐ _____
- ☐ _____
- ☐ _____
- ☐ _____
- ☐ _____
- ☐ _____
- ☐ _____

GET IT DONE
WEEK 35

DATE _____

This week's goal is:

....

....

I want to achieve it because:

....

....

I'll know I've succeeded when:

....

....

If your goal is to work on goals, there can be no failure as long as you try.

List your steps here and check them off as you complete them:

☐ _____

☐ _____

☐ _____

☐ _____

☐ _____

☐ _____

☐ _____

☐ _____

☐ _____

☐ _____

☐ _____

☐ _____

☐ _____

☐ _____

☐ _____

GET IT DONE
WEEK 36

DATE _____

This week's goal is:

....

....

I want to achieve it because:

....

....

I'll know I've succeeded when:

....

....

A person's estimation of your ability is just their opinion.

List your steps here and check them off as you complete them:

- [ ] _____
- [ ] _____
- [ ] _____
- [ ] _____
- [ ] _____
- [ ] _____
- [ ] _____
- [ ] _____
- [ ] _____
- [ ] _____
- [ ] _____
- [ ] _____
- [ ] _____
- [ ] _____
- [ ] _____

GET IT DONE
WEEK 37

DATE _____

This week's goal is:

....

....

I want to achieve it because:

....

....

I'll know I've succeeded when:

....

....

I knew you would make it this far.
People **believe** in **you**.

List your steps here and check them off as you complete them:

- ☐ _____
- ☐ _____
- ☐ _____
- ☐ _____
- ☐ _____
- ☐ _____
- ☐ _____
- ☐ _____
- ☐ _____
- ☐ _____
- ☐ _____
- ☐ _____
- ☐ _____
- ☐ _____
- ☐ _____
- ☐ _____

GET IT DONE
WEEK 38

DATE _____

This week's goal is:

I want to achieve it because:

I'll know I've succeeded when:

This week could change your life if you let it.

List your steps here and check them off as you complete them:

- [ ] _____
- [ ] _____
- [ ] _____
- [ ] _____
- [ ] _____
- [ ] _____
- [ ] _____
- [ ] _____
- [ ] _____
- [ ] _____
- [ ] _____
- [ ] _____
- [ ] _____
- [ ] _____
- [ ] _____
- [ ] _____

GET IT DONE
WEEK 39

DATE _____

This week's goal is:

....

....

I want to achieve it because:

....

....

I'll know I've succeeded when:

....

....

You don't fail. Goals fail. You continue being you.

List your steps here and check them off as you complete them:

- [ ] _____
- [ ] _____
- [ ] _____
- [ ] _____
- [ ] _____
- [ ] _____
- [ ] _____
- [ ] _____
- [ ] _____
- [ ] _____
- [ ] _____
- [ ] _____
- [ ] _____
- [ ] _____
- [ ] _____
- [ ] _____

GET IT DONE
WEEK 40

DATE _____

This week's goal is:

....

....

I want to achieve it because:

....

....

I'll know I've succeeded when:

....

....

Other people don't dwell on your slip ups, neither should you.

List your steps here and check them off as you complete them:

- [ ] _____
- [ ] _____
- [ ] _____
- [ ] _____
- [ ] _____
- [ ] _____
- [ ] _____
- [ ] _____
- [ ] _____
- [ ] _____
- [ ] _____
- [ ] _____
- [ ] _____
- [ ] _____
- [ ] _____

GET IT DONE
WEEK 41

DATE _____

This week's goal is:

....

....

I want to achieve it because:

....

....

I'll know I've succeeded when:

....

....

If you feel like no one cares, use that feeling to do something carefree.

List your steps here and check them off as you complete them:

- [ ] _____
- [ ] _____
- [ ] _____
- [ ] _____
- [ ] _____
- [ ] _____
- [ ] _____
- [ ] _____
- [ ] _____
- [ ] _____
- [ ] _____
- [ ] _____
- [ ] _____
- [ ] _____
- [ ] _____

GET IT DONE
WEEK 42

DATE _____

This week's goal is:

I want to achieve it because:

I'll know I've succeeded when:

Do you see how easy it is to stick to things?

List your steps here and check them off as you complete them:

☐ _____

☐ _____

☐ _____

☐ _____

☐ _____

☐ _____

☐ _____

☐ _____

☐ _____

☐ _____

☐ _____

☐ _____

☐ _____

☐ _____

☐ _____

GET IT DONE
WEEK 43

DATE _____

This week's goal is:

....

....

I want to achieve it because:

....

....

I'll know I've succeeded when:

....

....

People around you are inspired by your change this year.

List your steps here and check them off as you complete them:

- [ ] _____
- [ ] _____
- [ ] _____
- [ ] _____
- [ ] _____
- [ ] _____
- [ ] _____
- [ ] _____
- [ ] _____
- [ ] _____
- [ ] _____
- [ ] _____
- [ ] _____
- [ ] _____
- [ ] _____

GET IT DONE
WEEK 44

DATE _____

This week's goal is:

....

....

I want to achieve it because:

....

....

I'll know I've succeeded when:

....

....

You are worthy of this goal. You are capable of this achievement.

List your steps here and check them off as you complete them:

- [ ] _____
- [ ] _____
- [ ] _____
- [ ] _____
- [ ] _____
- [ ] _____
- [ ] _____
- [ ] _____
- [ ] _____
- [ ] _____
- [ ] _____
- [ ] _____
- [ ] _____
- [ ] _____
- [ ] _____

GET IT DONE
WEEK 45

DATE _____

This week's goal is:

....

....

I want to achieve it because:

....

....

I'll know I've succeeded when:

....

....

Is there a goal you didn't finish? Try it again – you have that power!

List your steps here and check them off as you complete them:

☐ _____

☐ _____

☐ _____

☐ _____

☐ _____

☐ _____

☐ _____

☐ _____

☐ _____

☐ _____

☐ _____

☐ _____

☐ _____

☐ _____

☐ _____

☐ _____

GET IT DONE
WEEK 46

DATE _____

This week's goal is:

....

....

I want to achieve it because:

....

....

I'll know I've succeeded when:

....

....

Failing isn't the end of the road. It's just the start of the next attempt.

List your steps here and check them off as you complete them:

☐ _____

☐ _____

☐ _____

☐ _____

☐ _____

☐ _____

☐ _____

☐ _____

☐ _____

☐ _____

☐ _____

☐ _____

☐ _____

☐ _____

☐ _____

☐ _____

GET IT DONE
WEEK 47

DATE _____

This week's goal is:
....
....

I want to achieve it because:
....
....

I'll know I've succeeded when:
....
....

Goals don't have to be serious. Set something silly, have fun this week!

List your steps here and check them off as you complete them:

- [ ] _____
- [ ] _____
- [ ] _____
- [ ] _____
- [ ] _____
- [ ] _____
- [ ] _____
- [ ] _____
- [ ] _____
- [ ] _____
- [ ] _____
- [ ] _____
- [ ] _____
- [ ] _____
- [ ] _____

GET IT DONE
WEEK 48

DATE _____

This week's goal is:

....

....

I want to achieve it because:

....

....

I'll know I've succeeded when:

....

....

Reflect on the amazing gift you gave yourself this year.

List your steps here and check them off as you complete them:

- ☐ _____
- ☐ _____
- ☐ _____
- ☐ _____
- ☐ _____
- ☐ _____
- ☐ _____
- ☐ _____
- ☐ _____
- ☐ _____
- ☐ _____
- ☐ _____
- ☐ _____
- ☐ _____
- ☐ _____

GET IT DONE
WEEK 49

DATE _____

This week's goal is:

I want to achieve it because:

I'll know I've succeeded when:

The past cannot be changed, just as the future always starts as a blank page.

List your steps here and check them off as you complete them:

- [ ] _____
- [ ] _____
- [ ] _____
- [ ] _____
- [ ] _____
- [ ] _____
- [ ] _____
- [ ] _____
- [ ] _____
- [ ] _____
- [ ] _____
- [ ] _____
- [ ] _____
- [ ] _____
- [ ] _____

GET IT DONE
WEEK 50

DATE _____

This week's goal is:

I want to achieve it because:

I'll know I've succeeded when:

Your achievement this year is astounding. You are amazing.

List your steps here and check them off as you complete them:

- [ ] _____
- [ ] _____
- [ ] _____
- [ ] _____
- [ ] _____
- [ ] _____
- [ ] _____
- [ ] _____
- [ ] _____
- [ ] _____
- [ ] _____
- [ ] _____
- [ ] _____
- [ ] _____
- [ ] _____

GET IT DONE

WEEK 51

DATE _____

This week's goal is:

I want to achieve it because:

I'll know I've succeeded when:

So, what great things are we doing next year?!

List your steps here and check them off as you complete them:

- [ ] _____
- [ ] _____
- [ ] _____
- [ ] _____
- [ ] _____
- [ ] _____
- [ ] _____
- [ ] _____
- [ ] _____
- [ ] _____
- [ ] _____
- [ ] _____
- [ ] _____
- [ ] _____
- [ ] _____

GET IT DONE
WEEK 52

DATE _____

This week's goal is:

....

....

I want to achieve it because:

....

....

I'll know I've succeeded when:

....

....

You are an unstoppable force. You could have anything you want. Go get it!

List your steps here and check them off as you complete them:

- ☐ _____
- ☐ _____
- ☐ _____
- ☐ _____
- ☐ _____
- ☐ _____
- ☐ _____
- ☐ _____
- ☐ _____
- ☐ _____
- ☐ _____
- ☐ _____
- ☐ _____
- ☐ _____
- ☐ _____

WRAP UP EXERCISES

I surprised myself this year by:

This journal taught me:

By the end of next year I will:

27622052R00061

Made in the USA
Lexington, KY
02 January 2019